AF305588

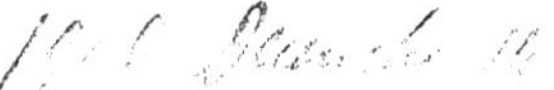
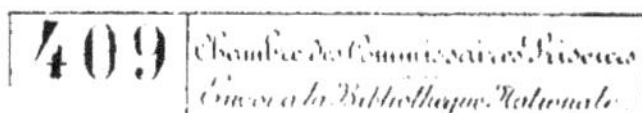

CATALOGUE

D'UNE

INTÉRESSANTE COLLECTION

DE

LETTRES AUTOGRAPHES

COMPRENANT DES LETTRES OU PIÈCES DE

Robespierre, Barras, Couthon, Masséna, Joséphine,
François Ier, Charles Ier et Jacques III d'Angleterre, Marie-Louise,
Napoléon II, Victoria, Conrart, Condillac, M. de Scudéry,
Voltaire, J.-J. Rousseau, H. de Balzac, V. Hugo, Théophile Gautier,
C. Vernet, Chaudet, J.-L. David, Ingres, L. Robert,
Th. Lawrence, Delacroix, Carpeaux, Meissonier, Michel Haydn,
Weber, Donizetti,
Schumann, Meyerbeer, C. Franck, Tschaïkowski, Verdi.

DES CORRESPONDANCES ORIGINALES

De l'abbé d'Olivet à Voltaire, de Mgr Darboy, de Lacordaire,
des pièces en lots, des réunions de chartes, etc.

DONT

LA VENTE AURA LIEU A PARIS

Hôtel des Commissaires-Priseurs, rue Drouot, salle 9

LE LUNDI 14 DÉCEMBRE 1908

A trois heures très précises du soir

PAR LE MINISTÈRE

DE

Me ANDRÉ DESVOUGES

Commissaire-priseur, rue de la Grange-Batelière, 26,
Successeur de Me Maurice Delestre

ASSISTÉ DE

M. NOËL CHARAVAY, expert en autographes

RUE DE FURSTENBERG, 3

PARIS

Noël CHARAVAY

3, Rue de Furstenberg

AVIS

Il y aura, le jour de la vente, exposition publique des pièces, de deux heures à trois heures, Hôtel des Commissaires-priseurs, salle n° 9.

Les pièces seront visibles chez l'expert huit jours avant la vente.

L'authenticité des autographes est garantie..

Les acquéreurs paieront dix pour cent en sus du prix d'adjudication.

M. Noël CHARAVAY, expert en autographes, chargé de la vente, remplira, aux conditions d'usage, les commissions qu'on voudra bien lui confier.

CATALOGUE

D'AUTOGRAPHES

1. ACADÉMIE FRANÇAISE. 110 pièces.

*P. Hervieu, J. Lemaître, Faguet, Coppée, Ponsard, A. Dumas
J. Janin, H. Maret, Thiers, P. de Ségur, Soumet, Scribe,
Villemain, Prévost-Paradol, Marmier, Feuillet, Gratry, L. de
Loménie, J. Lemoinne, La Harpe, Fontanes, Guizot, V. Cousin,
V. Hugo, Berryer, Droz, M. Du Camp, etc...*

2. ACADÉMIE FRANÇAISE. 112 pièces.

*Choiseul-Gouffier, Champagny, Challemel-Lacour, Campenon,
Ch. Blanc, Biot, cardinal de Bernis, cardinal de Bausset,
Autran, Andrieux, Scribe, Saint-Lambert, de Saint-Ange,
Rœderer, Renan, Quelen, Pongerville, Picard, duc de Har-
court, Guizot, Guillaume, Gréard, Frayssinous, La Harpe,
Lacordaire, Hervé, duc de Nivernois, Morellet, Montalembert,
H. Maret, N. Lemercier, François de Neufchâteau, Foncre-
magne, Feletz, etc...*

3. ACADÉMIE DES SCIENCES.

L. s. par Réaumur, Saurin, Jussieu (Ant. de), Littre, Cou-
plet, Varignon, Boulduc, Jaugeon, Mery, Geoffroy,
(Et.), Marchand, Saulmon, Rolle, Lemery, Reneaume,
pensionnaires de l'Académie des sciences (à l'abbé J.-P. Bignon, directeur de l'Académie); 4 décembre 1717. 4 p. in-fol.

Ils exposent que le fonds de 30.000 livres destiné pour les pensions de l'Académie lors du renouvellement de la compagnie (1699)
n'a pu être distribué également à cette époque, parce que la pension
de feu M. Cassini en faisait partie; qu'à la mort de cet académicien,
M. de Pontchartrain n'employa que 20.000 livres en pensions fixes

et distribua les 10.000 livres restantes sous le nom de gratifications pour le travail de l'année, mais que ces gratifications furent distribuées arbitrairement; « ce qui jeta la plus grande partie de l'Académie dans le découragement »; que le Régent a été prié de rendre les 30.000 livres à leur destination première, ce qui ne mettrait même pas encore l'Académie des sciences sur un pied d'égalité avec l'Académie des Inscriptions, car dans celle-ci les pensions sont sur le pied de 20.000 livres pour 10 pensionnaires; que S. A. R. avait déclaré entrer dans la pensée des académiciens, mais ne pouvait faire pour le moment droit à leur requête, attendu qu'il ne voulait point léser les droits acquis aux gratifications et que l'état des finances ne permettait pas d'affecter 6.000 livres de plus à l'Académie, dans un temps où l'on diminuait toutes les pensions, tant de la cour que des officiers. S. A. R. promettait cette libéralité pour l'État qui serait expédié pour l'année (1711). Les pensionnaires prient M. Bignon de rappeler au Régent sa promesse « qui les a soutenus pendant le cours de l'année ».

4. ARNAULD (Antoine), illustre théologien janséniste, solitaire de Port-Royal, n. 1612, m. 1694.

L. a. s.; 23 août. 1 p. in-4º. *Rare.*

Il demande des nouvelles de M. Angran, qui se rend à Constantinople. Arnauld demande à son correspondant de dissuader M. Angran de poursuivre plus loin son voyage.

5. ARTISTES DRAMATIQUES. 53 pièces.

A. Dupuis, Saint-Germain, C. Chaumont, Jane Hading, Taillade, Fergaudy, Silvain, Reichenberg, Samson, **P.** ***Viardot, Samson, Regnier, Samson, A. Fargueil, Bouffé, M. Favart, M. Brohan, Mars,*** etc...

6. AUMALE (Henri d'Orléans, duc d'), général et écrivain, membre de l'Académie française, n. 1822, m. 1897.

L. a. s. des initiales; Orléans House, 3 octobre 1855, 3 p. ½ in-8º.

« J'envie bien à votre brave cousin, que j'ai toujours aimé et apprécié, quoi qu'on ait pu dire, la part qu'il a prise à ce magnifique fait d'armes. Je me console en répétant que les Français sont toujours les premiers soldats du monde et que j'avais prédit juste : c'est le 1er régiment de zouaves qui est entré le premier dans Malakoff ! Inutile de vous dire que tous les canons de Twickenham ont tonné à cette occasion. »

7. BALZAC (Honoré de), le grand romancier, n. 1799, m.1850

L. a. s., 1 p. in-8°.

Il demande qu'on lui confirme par écrit que l'on renonce à son
article sur la biographie mythologique. « Si cet article ne concernait
que moi, j'en ferais volontiers l'offrande à Vulcain, mais il s'agit
de rendre justice à un courageux, à un vrai savant qui tient, plus
que moi, à un travail de deux semaines. »

**8. BARÈRE (Bertrand), fameux conventionnel. l'infatigable
rapporteur du Comité de salut public, n. 1755, m. 1841.**

L. a. s. au docteur Souberbielle; Tarbes, 12 avril 1839, 2 p. ½
in-8°.

Intéressante lettre où il le remercie de l'avoir obligé quand il
s'est trouvé dans le besoin. Il parle ensuite de la mort de ses
anciens collègues Merlin de Douai et Choudieu. « Quand on
vieillit trop on se trouve isolé sur la terre. »

**9. BARRAS (Paul), fameux conventionnel et directeur,
n. 1759, m. 1829.**

L. a. s. à Madame de Montpezat; Paris, 26 novembre 1817,
2 p. in-4°.

Il lui demande de revenir à Paris, ce qui vaudrait mieux pour
sa santé. Si elle y consentait il lui trouverait un petit local bien
chaud, très près de lui. « Je le ferais préparer pour vous recevoir
et ce serait une bien grande peine de moins et une grande satisfaction de vous donner mes soins et recevoir les vôtres. »

**10. BAUTRU (Guillaume), comte de Serrant. habile diplo-
mate, ambassadeur en Espagne. un des membres fon
dateurs de l'Académie française, n. à Angers. 1588,
m. à Paris, 1665.**

L. a. s. au maréchal de Brézé; Paris, 29 janvier, 2 p. in-folio,
cachets bien conservés.

Superbe lettre dans laquelle il s'excuse d'avoir été clément
envers des gens que le maréchal de Brézé aurait voulu voir traiter
plus durement.

11. BEAUHARNAIS (Hortense de), épouse de Louis Bonaparte, reine de Hollande, mère de Napoléon III, n. 1783, m. 1837.

L. a. s. *Hortense*; 19 mai 1834, 3 p. 1/2 in-8º.

Très curieuse lettre. Elle parle de l'état de l'Europe et paraît convaincue que les peuples reviendront à la morale après l'erreur et qu'ils chercheront le repos après l'agitation. « Le malheur de notre état présent est qu'au lieu de s'occuper de l'amélioration des peuples, premier devoir des rois, les gouvernements ne pensent qu'à se maintenir au pouvoir en dépit de tout ; les peuples et les rois deviennent donc de plus en plus ennemis. Voilà la seule cause qui doit faire craindre des troubles pour l'avenir; quant à la religion, qu'elle ne se fasse la bannière d'aucun parti, elle est nécessaire au cœur de l'homme. Ce sentiment d'amour et de consolation est inné en nous; on en peut changer les formes, on n'en détruira jamais le fond. » Le rôle de la religion doit être, selon la reine Hortense, un doux asile offert aux âmes en détresse, plutôt qu'un dogme imposé par la force, ainsi qu'avaient tenté de le faire les rois de la maison de Bourbon, etc. Elle vient de recevoir l'ouvrage de Lamennais (*Les Paroles d'un croyant*). Elle en loue le style et l'élévation de pensée. Longues et très intéressantes considérations. La reine Hortense prévoit que ce livre sera combattu à Rome et qu'il jettera Lamennais dans un autre camp, où il deviendra l'apôtre de la liberté.

12. BEAUX-ARTS.

P. s. par J.-B. COLBERT, signée aussi par Jacques BONSERGENT et Pierre NOEL, maîtres-doreurs sur fer, fonte et cuivre, demeurant, le premier, rue du Four, paroisse Saint-Sulpice, le second, rue de la Pelterie, paroisse Saint-Jacques-de-la-Boucherie; Paris, 5 février 1670, 2 p. in-folio.

Intéressant document. Marché passé pour la dorure de diverses œuvres d'art décrites dans le marché.

13. BEDAU (Pierre), peintre du XVIIᵉ siècle, membre de l'Académie de peinture et de sculpture.

L. a. s.: Rome, 1ᵉʳ avril 1692, 3 p. in-folio.

Il expose que, vu ses travaux antérieurs, sa situation à Rome ne peut être celle d'un écolier. Il rappelle les travaux que Louvois lui commanda, chapelle de Marly, de Chambord, et qu'il a été envoyé à Rome, dans le but de se perfectionner et d'être apte à recueillir la succession de Mignard.

14. BÉRANGER (Pierre-Jean de), le célèbre chansonnier,
n. 1780, m. 1857.

La jeune Muse, réponse à des couplets qui m'ont été adressés par
Mlle ... âgée de douze ans, chanson autographe, 2 p. in-4°.

15. BERGERET (Pierre), peintre d'histoire, né à Bordeaux
n. 1782, m. 1863.

L. a. s. au marquis de Pastoret; Paris, 8 avril 1851, 1 p. in-folio.

Curieuse lettre où il expose qu'en 1829 la ville de Bordeaux lui
a commandé un plafond pour son théâtre, devant contenir une
allégorie sur la famille des Bourbons; le duc de Bordeaux y figurait
dans les bras de l'Espérance. La révolution de 1830 est venue
interrompre ses travaux et le tableau lui est resté pour compte.
Il voudrait l'offrir au comte de Chambord et demande au marquis
de Pastoret de venir voir l'œuvre dans son atelier.

16. BONAPARTE (Zénaïde-Létitia-Julie), fille du roi Joseph;
elle épousa son cousin Charles Bonaparte, prince de
Canino, traductrice de Schiller, n. 1801, m. 1854.

L. a. s. à Madame Salvage de Faverolle; Rome, 27 janvier 1848,
3 p. in-8°.

Elle lui annonce le mariage de sa seconde fille Charlotte avec le
comte Primoli, « qui est un beau et bon jeune homme, fixé à Rome,
et qui, à ce que nous espérons, la rendra aussi heureuse qu'elle le
mérite, car elle est une excellente enfant ». Elle a préféré voir
ses enfants établies près d'elle, à Rome, dans une situation modeste,
plutôt que de les fixer à l'étranger, par des mariages plus brillants.

17. BOSIO (François-Joseph, baron), célèbre sculpteur, auteur
de la statue de Louis XIV de la place des Victoires,
membre de l'Institut, n. 1769, m. 1845.

L. a. s. à David d'Angers; 12 mai 1834, 1 p. 1/2 in-8°.

Il l'informe qu'il est au nombre des candidats qui briguent la
direction de l'École de Rome; il croit que ses conseils seraient
utiles aux peintres ainsi qu'aux sculpteurs. « N'ayant rien à faire
ici pourrai-je mieux employer mon temps que de le consacrer
à me rendre digne en tout de l'honorable suffrage de mes chers
confrères. » Il demande la voix de David d'Angers.

18. BRETON (Jules), le célèbre peintre de paysages.

L. a. s.; 3 avril 1899, 2 p. in-8°.

Intéressante lettre à un artiste. Il lui conseille de ne pas se préoccuper de sa *vision d'art*, puisqu'il ne peut y échapper. L'inquiétude est souvent vaine en art; l'amour est le meilleur guide. « Vous me semblez pencher vers ceux dont la vision ne remarque que ce qui est indispensable au sujet et de négliger volontairement le reste. C'est fort bien. Peut-être serait-ce mieux encore de chercher naïvement tout ce qui peut contribuer à l'expression de l'intensité vitale du sujet. »

19. BROHAN (Suzanne), excellente comédienne, mère d'Augustine et de Madeleine, n. 1807, m. 1887.

L. a. s.; Niederbronn, 15 août 1859, 12 p. ½ in-8°.

Longue et piquante épître, en vers, dans laquelle elle raconte son séjour en Alsace. Récit versifié mais réaliste des effets des eaux de Niederbronn.

20. CARPEAUX (Jean-Baptiste), le célèbre sculpteur, n. 1827, m. 1875.

L. a. s. à sa cousine Adèle; Paris, 13 juillet 1866, 4 p. in-16.

Curieuse lettre dans laquelle il exprime son amour pour Mlle Mocq, qu'il désire obtenir en mariage. « Tu peux, chère Adèle, dire à ma chère Céline que je l'aime de toutes les forces de mon âme, que dès ce jour je ne pense et ne travaille plus que pour elle, que ma joie la plus grande est de mettre à ses pieds tout mon savoir, un courage inouï pour la combler de gloire et la fortune la plus brillante pour que ses belles mains et son noble cœur, puissent répandre le bonheur autour d'elle. »

21. CATHERINE II dite la Grande, impératrice de Russie, n. 1729, m. 1796.

L. s., en français, à un prince; Saint-Pétersbourg, 28 janvier 1782, 2 p. ½ in-4°.

Elle l'assure de sa bonne volonté et M. de Rumainzoff s'unira au ministre français afin que satisfaction lui soit donnée.

22. **CHAMBORD** (Henri de Bourbon, comte de), le dernier
représentant de la branche aînée des Bourbons, n. 1820,
m. 1883.

> L. a. s. au marquis de Pastoret; Teplitz, 28 juillet 1842, 3 p.
> in-8º.

Il le remercie de tout ce qu'il a fait pour lui, ainsi que des sentiments qu'il lui a exprimés. Il lui est reconnaissant des détails qu'il
lui donne sur la situation des affaires en France. « J'ai les yeux
constamment attachés sur elle, et tout ce qui me parle d'elle, tout
ce qui peut m'éclairer sur son avenir, a un grand intérêt pour moi. »
A la nouvelle du triste accident dont le marquis de Pastoret l'a
entretenu dans sa dernière lettre [la mort du duc d'Orléans, fils de
Louis-Philippe, à Neuilly, le 13 juillet 1842], sa première pensée a
été de prier et de faire prier pour celui qui en a été la malheureuse
victime. « J'ai été plus favorablement traité l'année dernière [le
28 juillet 1841, près de Kirchberg, le comte de Chambord se fractura
la cuisse gauche], et j'en rends d'autant plus de grâces à la Providence, que j'espère qu'elle ne m'a conservé la vie, que pour la
rendre un jour utile à mon pays. Quel que soit le cours des événements, ils me trouveront toujours prêt à me dévouer à la France,
et à tout sacrifier pour elle. »

23. **CHARLES Ier roi d'Angleterre**, n. 1606. décapité en 1649.

> L. s., en français, avec la souscription aut.: Westminster,
> 7 janvier 1631, 1 p. in-folio.

Lettre adressée probablement à son beau-frère. Il le félicite sur
la naissance d'une fille.

24. **CHARTES.**

> 94 pièces du xive au xviie siècle, concernant la France. l'Alle-
> magne, la Suisse, etc... Quelques pièces sont accompagnées
> de sceaux.

25. **CHAUDET** (Antoine-Denis), célèbre sculpteur, membre
de l'Institut, n. 1763, m. 1810.

> P. a. s.; Paris, 4 novembre 1807, ½ p. in-4º.

Curieuse pièce ainsi conçue : « Je jure obéissance aux consti-
tutions de l'Empire et fidélité à l'Empereur. »

26. COLBERT (Jean - Baptiste), le grand ministre de Louis XIV, n. à Reims, 1619, m. 1683.

l . a. s. à M. de Lionne; au camp devant Lille, 13 août 1667, 1 p. in-folio. *Rare*.

Superbe pièce. Il lui recommande d'ajouter aux instructions de M. de Ruvigny (ambassadeur en Angleterre), que dès son arrivée il demande au roi d'Angleterre l'expédition des ordres nécessaires pour l'exécution de la paix dans les îles et terre ferme d'Amérique.

27. COMPOSITEURS DE MUSIQUE. 132 pièces.

V. Joncières, Widor, Pugno, G. Marty, Massenet, F. Halévy, Cherubini, Meyerbeer, Fetis, L. Delibes, A. Choron, A. Bruneau, H. Berton, H. Berlioz, J. Bénédict, Gounod, A. de Kontski, V. Massé, E. Membrée, Mercadante, A. Adam, Vieuxtemps, Thalberg, Reicha, Poise, Paër, Musard, etc...

28. CONDILLAC (Étienne Bonnot, abbé de), célèbre philosophe, membre de l'Académie française, n. à Grenoble 1714, m. à **Flux**, près Beaugency, 1780.

L. a. s. au duc de Nivernois; Parme, 3 juin 1764, 3 p. in-4°.

Il l'entretient des chagrins que lui causent MM. de Mirabeau. Il n'a lu que la préface du livre du marquis, mais les choses sont dites avec une telle franchise, qu'elle ne peut manquer de révolter les esprits.

29. CONRART (Valentin), écrivain, un des fondateurs de l'Académie française, n. 1603, m. 1675.

Minute aut. signée d'une lettre aux membres de l'Académie d'Arles: Paris, février 1670, 3 p. in-folio.

Intéressant document dans lequel Conrart fait le récit de la réception du marquis de Chateaurenard, délégué de l'Académie d'Arles près l'Académie française. Le détail de cette réception a été transcrit sur les registres de l'Académie. (On sait que les registres antérieurs à 1672 n'ont pas été conservés, cette pièce pourrait servir, en partie, à leur reconstitution.)

30. COUDER (Auguste), célèbre peintre d'histoire, membre de l'Institut, n. 1790, m. 1873.

1º L. a. s.; Paris, 10 avril 1860, 2 p. in-8º. — 2º P. s. par BERTIN, F. DUMONT et ROMAGNESI; (1827), 3 p. in-folio.

Curieuse pièce. Examen des travaux de M. Couder, en vue de son admission dans la Société philotechnique.

31. COUTHON (Georges), le célèbre conventionnel, ami de Robespierre, n. 1756, décapité avec Robespierre en 1794.

L. a. s. à Gauthier de Biauzat; Clermont, 9 mai 1789, 3 p. in-4º, cachet armorié.

Superbe lettre où il le somme de tenir sa promesse et de lui écrire. Il ne demande ni phrase, ni compliment, des faits et voilà tout. Il le prie de lui dire si M. de Clermont-Tonnerre est député, comme il le croit, afin qu'il se rappelle à son souvenir. « Je ne vous recommande pas les intérêts du pauvre tiers; je connais, mieux qu'aucun autre, et vos principes et votre zèle. »

32. CURIOSITÉS. 61 pièces.

Croquis au crayon de E. Bayard, assignats, affiche de remerciements des officiers royalistes aux Belges, vignette du général Mainoni, vignettes révolutionnaires diverses, en-tête de l'armée du Rhin et Moselle, vignettes militaires et civiles. *Intéressante réunion.*

33. DARBOY (Georges), prélat et écrivain, archevêque de Paris, n. à Fayi-Billot (Haute-Marne), 1813, fusillé par les Communards, le 27 mai 1871.

83 l. a. s. à son compatriote l'abbé Thibouret; 30 novembre 1835 — 11 novembre 1866, 225 p. environ in-4º ou in-8º.

PRÉCIEUX RECUEIL en grande partie inédit. La correspondance commence au moment où Monseigneur Darboy se préparait à l'ordination; elle ne se termine qu'avec la mort de son correspondant. Ces lettres de l'archevêque de Paris sont capitales pour sa biographie; on y suit la répercussion des événements politiques sur sa manière de penser. Les lettres contiennent également de très utiles indications sur les travaux du prélat. Quelques partie ont été publiées dans le *Correspondant* mais, par une réserve que l'on comprendra, les passages les plus curieux n'ont pas été publiés. Nous sommes forcés de nous borner à quelques citations caractéristiques. — *Langres, 30 novembre 1835* : anxiétés aux approches de l'ordination. — *Langres, 24 décembre 1835 :* Craintes de ne pas conserver toujours la piété nécessaire quand il sera livré aux fonctions matérielles du ministère. « Oh ! si je pouvais vous rendre les impressions de foi et les religieuses terreurs qui m'agitaient le 19 décembre ! Si je pouvais les conserver longtemps ! Car tout le monde les éprouve, mais ils disent que cela s'oublie vite; quel malheur ! Le beau jour que celui où l'on devient sous-diacre ! » — *Langres, 29 décembre 1844.* Considérations sur son avenir et sur le rôle de la religion. « Il est, et il sera longtemps encore difficile de persuader aux laïques incroyants, et ce sont ceux-là qui nous gouvernent en France, que le clergé n'a de dévouement que pour la cause de Dieu : hommes d'argent et de joies folles, ils ne croiront jamais que nous puissions parler et agir pour autre chose que pour nos intérêts et dans le sens des passions. Faut-il donc désespérer et se croiser les bras? Non sans doute, mais nous sommes devant l'esprit public comme les Spartiates aux Thermopyles : nous pouvons glorieusement mourir. » — *26 septembre 1845.* Explications sur les raisons de son départ du séminaire de Langres et son installation à Paris à la maison des Carmes. On le trouvait trop libéral. Dans la lettre suivante (*4 décembre 1845*) il ajoute : « Ces messieurs n'aiment pas qu'on apprenne la logique à leurs élèves ». Il est heureux d'avoir quitté la Tartarie; il se promène bras dessus, bras dessous avec Vacherot, Cousin et Dubois (de la Loire-Inférieure). — *31 janvier 1846.* L'approbation ou l'improbation ne peuvent le détourner de sa voie, dès l'instant que le but est avouable devant Dieu. « Monter sur l'échafaud pour sceller mes convictions ne m'intimiderait pas; c'est assez vous dire que je suis au-dessus de l'opinion. » Il se réjouit d'être nommé aumônier du collège Henri IV. Cela « va faire brailler »; il a pour adversaire naturel M. Saisset, le professeur de philosophie. — *Paris, 16 août 1846.* Éloge de Paris. « Il y a de la coterie ici comme ailleurs, parce qu'il y a des hommes, mais on y trouve plus de largeur et de générosité, parce qu'on y trouve plus d'esprit et de ressources. Ah ! quel Paris, si vous saviez ! » Darboy passa les vacances de 1846 près de son ami, au retour il le tutoie. — *Paris, 10 février 1847.* Darboy déplore la misère publique et la démoralisation des masses. Pour remédier à cette dernière il préconise la liberté la plus large possible. « Pour remettre les principes en crédit et restituer aux consciences les graves convictions du droit et du devoir, il faut un clergé intelligent et digne autant qu'il est vertueux. Une réforme dans l'enseignement des séminaires et la dignité assurée aux prêtres par l'inamovibilité canonique..., mais qu'est-ce que je dis là ! Je touche au fruit défendu. » —

Paris, 11 juin 1847. Il compare la vie de son ami, à l'ombre de ses arbres, surveillant ses abeilles et la récolte de ses poiriers, à l'agitation de Paris. Il comprend le charme de la campagne et ce souvenir agréé à sa pensée, mais il préfère Paris, malgré sa boue, ses portefaix, ses omnibus, la corruption électorale et gouvernementale, qui le rendent prosaïque. « Le tumulte me plaît, les orages sont mes amours, j'adore les chemins de fer, Paris m'enivre avec la magnificence de ses palais, les merveilles des arts et son énergique activité. » — *Paris, 10 octobre 1847.* Il exprime sa joie d'être nommé chanoine honoraire. — *Paris, 29 février 1848.* Longue et curieuse épître sur la Révolution du 24 ; il l'accueille avec sympathie et y voit l'action visible de la Providence. « A peine en croit-on ses yeux, on s'aborde en riant : Eh bien nous voilà républicains ! »... « La Révolution qui vient de s'accomplir n'a rien eu d'irréligieux dans son esprit ; c'était purement une réaction politique. Beaucoup de prêtres n'ont pas quitté leur soutane ; plusieurs ont traversé les barricades, aidés par les gens mêmes qui marchaient à la ruine du trône. » Les prêtres ne seront plus regardés comme les auxiliaires des puissants, puisque le peuple sera souverain : « Si quelque lutte se produit encore, elle sera entre ceux qui possèdent et ceux qui n'ont rien, et je crois qu'en effet, on en viendra là. Le principe de la propriété ne sera pas vaincu, mais le principe d'une communication plus fraternelle entre le riche et le pauvre sera proclamé plus énergiquement qu'il ne l'a été jusqu'ici. » Dans 20 ou 30 ans, les possédants qui ne feront pas profiter les pauvres de leurs richesses, « auront à vider, le fusil en main, des querelles incessantes avec ceux qui travaillent et qui suent sans avoir du pain ». Darboy ne veut pas mettre un frein à la locomotive républicaine, dont l'insuccès, après tout, peut arriver, mais les doctrines triomphent lorsque leurs défenseurs succombent, « et les doctrines saines et nobles sont le salut des âmes et la fortune des peuples. Crie donc aussi : Vive la République ! » — *Paris. 9 juillet 1848.* Longue lettre de 6 pages pleines sur les journées de juin. Récit des combats livrés sous ses yeux autour du Panthéon. Malgré ces sanglantes batailles il ne désespère pas de la République, car c'est le gouvernement de l'avenir : « C'est parce que telle est ma conviction que je voudrais que l'on se fît républicain de bonne grâce pour éviter de le devenir par force. » « Oui, nous parlerons ensemble philosophie, mysticité, ce que tu voudras. Je n'ai ni lassitude de la vie, ni peur de la mort. Les orages du temps présent ne me démontent pas. Je reviendrai dans Paris, mon cher Paris, dût-il succomber sous les colères conjurées de la France et entraîner dans sa ruine la plupart de ceux qui l'habitent ; il faut que l'Éternité me trouve l'arme au bras en faisant ma faction. » — *Paris, 5 mars 1854.* Réflexions sur la mort de Lamennais. — *Paris. 14 août 1856.* Il blâme la guerre que le *Correspondant* et l'*Univers* font au gouvernement. — *Paris, 14 mai 1859.* Récit de sa présentation à l'Empereur après la prédication du Carême. « Il m'a donné la main en souriant et en m'adressant des paroles très flatteuses dont je garderai à jamais le souvenir. » — *Paris, 3 septembre 1859*. Relative à sa nomination à l'évêché de Nancy. — *Paris, 24 novembre 1859*. Il accepte que son ami cesse de le tutoyer. A partir de ce moment la correspondance devient plus officielle et se borne à des nouvelles sur la santé et traite de petites faveurs qu'un curé de campagne peut demander à un compatriote placé au sommet de la hiérarchie ecclésiastique.

34. DAGUERRE (Louis-Jacques), peintre, l'un des inventeurs de la photographie, n. 1789, m. 1851.

L. a. s., 1 p. in-4º. *Rare et recherché.*

35. DAVID (Jacques-Louis), le grand peintre, n. 1748, m. 1825.

L. a. s. à Gautherot; Bruxelles, 12 septembre 1820, 2 p. in-4º.

Il le remercie des bons sentiments qu'il lui a conservés. « Rien ne me surprend de votre part, et la reconnaissance de mes élèves est ma plus douce récompense. » Il parle de son tableau du *Serment du Jeu de Paume* et l'autorise à y prendre la figure de Mirabeau. « A propos de cela, mon bon ami, il me vient une réflexion c'est celle de n'être nommé en rien. J'ai une aversion pour tout ce qui tient aux arts en France. Ceci cependant demande explication : les grands cœurs seuls peuvent m'entendre. »

36. DELACROIX (Eugène), le grand peintre, n. 1798, m. 1863.

L. a. s. (à un comte); 7 janvier 1857, 2 p. in-8º.

Belle lettre relative à sa candidature à l'Académie des Beaux-Arts. Il s'excuse de ne pouvoir faire une visite à cause de son mauvais état de santé.

37. DETAILLE (Édouard), le célèbre peintre militaire, membre de l'Institut.

1º L. a. s. à M. Montrosier; 12 septembre 1872, 8 p. in-12.

Il le remercie de l'étude qu'il a faite sur ses œuvres, disserte sur l'aquarelle et donne la liste détaillée de celles qu'il a exécutées.

2º L. a. s., 3 p. in-8º.

Intéressante lettre dans laquelle il donne la liste des costumes qu'il a dessinés pour le théâtre.

38. DIVERS. 85 pièces environ.

Anatole France, Madame Michelet, Mademoiselle Dosne, Massenet, L. Halévy, Guizot, Fustel de Coulanges, J. Favre, G. Clémenceau, Maurice Barrès, Mignet, Waldeck-Rousseau, Spuller, général Saussier, etc...

39. DIVERS. 24 pièces.

K. Bodmer, Raffet, Ch. Jacque, Thiers, Robert-Fleury, Meissonier, Delacroix, etc...

40. DIVERS. 36 pièces.

Louis XVIII, Chateaubriand, Rossini, Quelen, copie d'une note du cardinal Maury concernant le baptême du roi de Rome, lettres de prélats de la première moitié du XIXe siècle, etc...

41. DIVERS.

Peyronnet, Dupont de l'Eure, Crémieux, l'abbé Bautain, A. Gratry, Grégoire, Darboy, Vauquelin, Berthollet, J. Fourier, Delambre, Le Verrier, Daubenton, Orfila, cardinal Morlot, J. Reinach, L. Say, E. Deschanel, etc...

42. DIVERS. 162 pièces.

Maréchal Pélissier, Trochu, Pierre de Bellegarde de Saint-Lary, maréchal de Castellane, Alibert, Macdonald, Louis-Philippe, Trochu, colonel Marchand, Bugeaud, comte de Paris, duc Decazes, Michaud, H. Wallon, marquise de La Rochejaquelein, Madame de Rute, Taschereau, etc...

43. DIVERS. 80 pièces.

La plupart de ces pièces sont de l'époque de la Révolution, quelques-unes avec des en-têtes. Parmi les signatures : Berthollet, Ch. Delacroix, Fouché, Ginguené, Prieur de la

Marne, Truguet, Chaptal, etc.., brevet de la garde nationale parisienne, etc...

44. DONIZETTI (Gaetano), le célèbre compositeur de musique italien, n. 1798, m. 1848.

L. a. s. à J. Giampietro; Paris, 2 p. ½ in-8°.

45. DUCIS (Jean-François), célèbre poète tragique, membre de l'Académie française, n. 1733, m. 1816.

Manuscrit aut.; 1814, 4 p. in-4°.

Fragment du journal dans lequel Ducis notait tous les menus faits de sa vie. — On a joint une l. s. du duc Léopold de Lorraine: Lunéville, 24 novembre 1724, 1 p. in-4°.

46. DUCORNET (Louis-César-Joseph), peintre d'histoire, né sans bras, à Lille, n. 1806, m. 1856.

1° 2 l. a. s. à M. Luthereau; (1845), 6 p. in-8°.

Intéressantes lettres relatives à ses tableaux.

2° P. a. s., en-tête. 6 p. in-4°.

C'est l'autobiographie de Ducornet; elle renferme des détails piquants.

47. DUPANLOUP (Félix), le célèbre évêque d'Orléans, membre de l'Académie française, n. 1802, m. 1878.

7 l. a. s. des initiales à sa mère. s. d., 14 p. in-12.

Intéressant dossier dans lequel les marques d'affection et de respect alternent avec de nombreuses commissions. Le Dr Récamier lui ayant recommandé un séjour à Aix, Dupanloup essaie de n'y pas aller. « J'ai plus de confiance en la Sainte Vierge même qu'en M. Récamier. »

48. FAUCHE-BOREL (Louis), fameux agent royaliste à Paris pendant le Directoire, n. 1762, m. 1829.

L. a. s. à Canning; Londres, 11 octobre 1807, 3 p. in-4°.

Curieuse lettre. Il défend l'honnêteté de ses actes et la droiture de sa conduite. « J'ai vu avec peine que M. le comte de Puisaye n'a donné aucune confiance à cette affaire et que, dans une lettre qu'il écrit à M. le comte d'Autraigues, il me donne l'injonction de cesser toute correspondance avec mes amis. Ma correspondance est celle d'un homme de bien, dévoué de cœur et d'âme à la bonne cause et si je devais ne plus la continuer, il m'eût été agréable d'en recevoir l'ordre de la part de Votre Excellence. »

49. FEUILLET (Octave), célèbre romancier et auteur dramatique, membre de l'Académie française, n. 1821, m. 1890.

L. a. s. (à Gustave Planche); Saint-Lô, 11 mars. 1 p. ½ in-8°.

Jolie lettre. « Il m'est défendu de louer votre goût et votre conscience, puisque ce serait dire que je me crois digne de ce que votre bienveillante partialité m'accorde. » Il termine en se rappelant au souvenir de Buloz (directeur de la *Revue des Deux-Mondes*); qu'il soit « propice à de petites études que je rêve et caresse de mon mieux, afin de les faire dignes de son hospitalité ».

50. FLEURY (Hercule, cardinal de), évêque de Fréjus, premier ministre de Louis XV, membre de l'Académie française, n. 1653, m. 1743.

L. a. s. au duc de Richelieu; Rambouillet. 4 juin 1727, 2 p. in-4°.

Belle lettre historique. Il exprime sa joie de pouvoir entrevoir la conclusion d'une paix prochaine, mais il croit que la reine d'Espagne se leurre en espérant que Gibraltar sera repris : « La Reine croit déjà voir cette importante place hors des mains des Anglais qu'elle hait comme des crapauds et déteste comme les ennemis de l'Eglise et du genre humain. »

51. FOUCQUET (Nicolas), surintendant des finances sous Louis XIV, fameux par son faste et par sa disgrâce, n. 1615, m. 1680.

L. a. s. (à Mazarin); Paris. 4 juin 1655, 2 p. in-4°.

Très belle lettre où il se plaint de la rareté de l'argent.

52. **FOYATIER** (Denis), habile sculpteur, auteur du *Spartacus*, qui se trouve au jardin des Tuileries, n. 1793, m. 1863.

   L. a. s. au rédacteur du journal *La France*; Paris, 27 janvier 1838, 2 p. in-4º.

   Il dément une information fausse de ce journal relativement à ses débuts. Curieux récit de son initiation à l'art et à la sculpture.

53. **FRANCK** (César), le célèbre compositeur de musique, n. 1822, m. 1890.

   L. a. s.; 17 août, 4 p. pl. in-8º. *Belle et rare pièce.*

   Il donne des détails sur l'avancement de ses *Eolides;* il a commencé la réduction pour piano des *Béatitudes.* « C'est un assez grand travail que je ne sais pas faire vivement. Je suis toujours sous la double préoccupation de mettre à peu près tout, et cependant de ne pas rendre mon arrangement trop difficile. »

54. **FRANÇOIS Iᵉʳ**, roi de France, n. 1494, m. 1547.

   P. s., sur vélin; Saint-Germain-en-Laye, 30 mars 1526, 1 p. in-4º oblong.

   Mandement à Jehan Grolier, trésorier des guerres (le célèbre bibliophile) de payer à Jehan de Vesin, homme d'armes de la compagnie du grand écuyer, pour le dernier quartier de 1525 et le premier de 1526 nonobstant qu'il n'ait comparu ni **aux montres** ni aux revues qui ont été faites.

55. **FREYCINET** (Charles de), célèbre homme d'État, collaborateur de Gambetta, membre de l'Académie française.

   3 l. a. s.; 3, 10, 30 juillet 1878, 5 p. in-8º.

   Intéressantes lettres relatives à l'achat d'une propriété à Nice.

56. **GAUTIER** (Théophile), le célèbre poète et écrivain, n. 1811, m. 1872.

   L. a. s. (à Alphonse Royer?), 1 p. in-8º.

Il a lu *Peut-être*; il y a trouvé un joli sujet de comédie bien traité et bien versifié. « L'auteur me dit que vous avez peur du François Ier et de la duchesse d'Etampes. Il (*sic!*) ne me semblent pas autrement à craindre — Hugo nous a montré déjà un François Ier plus hasardeux et je crois qu'un beau gaillard bien vêtu suffirait et vous avez à l'Odéon assez de croupes capables de bien traîner une jupe de satin. »

57. GAYRARD (Raymond), graveur en médailles et sculpteur, né à Rodez (Aveyron), 1777, m. 1858.

L. a s. au préfet de la Seine; Paris, 2 février 1814, 3 p. ½ infolio.

CURIEUSE PIÈCE. L'allocution de l'Empereur à la Garde nationale [prononcée par Napoléon Ier, le 23 janvier, pour présenter son fils, lors de son départ pour la campagne de France] lui a inspiré l'idée de commémorer par une médaille, l'importance de cet événement. Il lui envoie un croquis (qui n'est pas joint) et lui demande son avis. — (Au Salon de 1814 Gayrard expose un cadre renfermant les portraits du Roi, de la duchesse d'Angoulême, et des autres personnes de la famille royale.) — On a joint une liste manuscrite des œuvres de Gayrard

58. GÉRARD (François, baron), le célèbre peintre d'histoire, membre de l'Institut, n. 1770, m. 1837.

L. a. s.; lundi, 17 février, 2 p. in-4°.

Intéressante lettre relative au paiement de son portrait de l'impératrice [Marie-Louise] ; il se résigne au paiement par tiers et remarque que la reine de Naples lui a réglé, en une fois, le portrait qu'il a fait d'elle

59. GIBELIN (Esprit-Antoine), peintre et littérateur, membre correspondant de l'Institut, né à Aix, 1709, m. 1813.

1° L. a. s. à Amaury Duval; 17 nivôse an XI, 1 p. in-4°.

Il le félicite au sujet du prix que vient de la décerner la classe de littérature et des beaux-arts.

2° L. a. s. au même; 13 floréal an XII, 1 p. in-8°.

Lettre relative à la statue du premier consul.

60. GIRODET-TRIOSON (Anne-Louis), le **célèbre peintre d'histoire,** n. 1767, m. 1824.

L. a. s. à David; Paris, 1er octobre 1822, 1 p. in-4°.

Il lui recommande MM. Fould et Pérignon, ses élèves, et le prie de vouloir bien accepter l'hommage de quelques estampes et lithographies d'après ses ouvrages, qui, autrefois, ont été honorés de l'indulgence de David : « Je désire que leur vue vous rappelle quelquefois leur auteur ainsi que ses sentiments d'admiration, de dévouement et de respect pour son illustre maître. »

61. GRANET (François-Marius), **célèbre peintre, membre de l'Institut,** n. 1775, m. 1849.

L. a. s. à Lemoyne; Paris, 13 décembre 1834, 4 p. in-8°.

Il le félicite sur son talent et sur son caractère et lui prédit tous les succès qu'il mérite. Son idée pour le monument de Guérin lui a paru bonne et fera passer son nom à la postérité. « Pour moi, mon ami, je fais un peu le peintre, mais très peu, je suis plus occupé aux restaurations que nous faisons pour le Musée de Versailles, que le Roi tient qu'il soit ouvert au public, le plus tôt possible. Vous ne vous figurez pas mon ami, tout le zèle, tous les soins que le Roi donne à sa belle pensée. Il y va une fois la semaine inspecter les travaux et quelquefois deux. Rien ne lui échappe et plus d'un million de sa liste civile a été dépensé pour la peinture, etc. »

62. GRÉGOIRE (Henri), **évêque constitutionnel de Blois,** n. 1750, m. 1831.

L. a. s. au duc de Richelieu; Paris, 8 octobre 1820, 2 p. ½ in-4°.

Véhémente protestation contre les agissements du gouvernement à son égard. Une rectification adressée aux journaux, en réponse à une attaque de M. Dubouchage a été mutilée par la censure. Grégoire en demande l'insertion intégrale. Il se plaint également de la violation de sa correspondance et de la persécution sans exemple dont il est l'objet depuis 1814. « Dans le cours de cette persécution également lâche et atroce, est-ce trop, monsieur le Duc, d'obtenir en six ans un acte de justice? Je réclame de la vôtre avec confiance l'ordre de faire insérer dans le *Moniteur* et autres journaux ma réponse textuelle et intégrale. D'après ce que l'opinion publique raconte d'honorable sur votre caractère, l'espérance que je conçois est en même temps un témoignage d'estime. Si mon attente était déçue j'en serais affligé pour moi... et pour vous. »

63. GROS (Antoine-Jean, baron), le célèbre peintre d'histoire, n. 1771, m. 1835.

P. a. s.; Gênes, 7 prairial an III, 1 p. in-4° oblong.

Reçu du citoyen Villars, représentant de la République française
à Gênes, la somme de 1.000 livres en paiement de son tableau représentant la République.

64. GUERIN (Pierre-Narcisse, baron), célèbre peintre d'histoire, n. à Paris, 1774, m. 1833.

L. a. s.; Rome, 27 thermidor an XII (15 août 1804), 4 pl.
in-4°.

Superbe lettre où il exprime son enthousiasme pour l'Italie, mais
la lettre de son correspondant l'a fait songer à son pays. — L'amour
de la Patrie est comme tous les amours possibles, c'est-à-dire une
chaîne dont on ne s'aperçoit qu'en s'éloignant du lieu ou de l'objet
auquel elle nous attache. C'est alors seulement qu'on en sent la force
et qu'on en compte péniblement les anneaux. — Il décrit ensuite
les traits du caractère italien. — Pour les reconnaître il faut briser
la croûte épaisse qu'a formé sur lui l'écume des révolutions succes-
sives qui l'ont agité, il faut, comme pour retrouver les vestiges
d'un temple, faire de véritables fouilles. —

65. HAUSSMANN (Georges-Eugène, baron), homme politique, préfet de la Seine sous le second Empire; n. 1809,
m. 1891.

2 L. a. s. à un directeur de théâtre; Paris, 22 décembre 1857
et 21 janvier 1858, 5 p. in-8°.

CURIEUSES LETTRES. Il le prie d'examiner avec bienveillance une
réclamation de Mademoiselle Cellier, contre des actes d'autorité
de MM. Mazillier et Berthier. Piquants détails sur la rivalité des
danseuses, émules ou rivales de M¹¹ᵉ Cellier.

66. HAYDN (Michel), frère du grand Joseph Haydn, un des
meilleurs compositeurs de musique religieuse de son
temps, n. 1737, m. 1806.

L. a. s. à P. Volfgang, à Arnsdorf; Salzbourg, 7 décembre 1799,
1 p. in-4°.

Il le remercie pour un envoi contenant du vin et une oie.

67. HEREDIA (José-Maria de), célèbre poète, auteur des *Trophées*, membre de l'Académie française, n. 1842, m. 1905.

L. a. s. à Charpentier; samedi soir (mars 1880), 1 p. ½ in-8º.

Il lui annonce la mort de Flaubert, frappé d'une attaque d'apoplexie foudroyante. « Chose étrange la *Vie moderne* achevait la publication de sa féerie le jour même de sa mort et le dernier dessin avait pour titre apothéose. »

68. HERSENT (Louis), célèbre peintre d'histoire et de portraits, membre de l'Institut, n. 1777, m. 1860.

L. a. s. à Schnetz; Paris, 10 juillet 1841, 3 p. in-4º.

Intéressante lettre relative à son séjour en Italie qu'il a dû interrompre, découragé. « Ce n'est pas sans regret que j'ai renoncé à parcourir cette partie de la haute Italie qui aurait complété mon voyage mais je trouvais que c'était une tâche au-dessus de mes forces que de vouloir avaler tout d'un trait. Je commençais à avoir beaucoup vu, je sentais le besoin de réunir mes souvenirs, de les classer, de les digérer, et je pensais que plus tard, je pourrais reprendre ma tournée où je l'avais laissée. »

69. HESSE (Nicolas-Auguste), célèbre peintre d'histoire, élève de Gros, membre de l'Institut, n. 1795, m. 1869.

L. a. s. au peintre Heim; Paris, 6 novembre 1846, 3 p. in-8º.

Curieuse lettre relative à sa candidature à l'Académie des Beaux-Arts. Hesse demande s'il a quelques chances d'être agréé par les membres de la section de peinture, en rappelant les espérances qu'il avait pu concevoir à ce sujet, dix ans auparavant, lorsqu'il s'agissait de remplacer Carles Vernet. (Hesse ne fut élu que le 31 octobre 1863, en remplacement de Delacroix.)

2º P. a. s. (vers 1860), 4 p. in-8º.

Intéressant document artistique, dans lequel Hesse énumère tous les travaux qu'il a produits de 1824 à 1859.

70. HOMMES POLITIQUES. 110 pièces environ.

Clavière, J. Casimir-Périer, Fouché, Decazes, Goblet, Montalivet, Goblet, de Martignac, etc.

71. HUGO (Victor), le grand poète, n. 1802, m. 1885.

> L. a. s. à M. A. Caise; Hauteville house, 20 mars 1867, 1 p. in-8°.

> Il renvoie aux *Travailleurs de la mer* (1re partie, livre VI), au sujet d'une controverse.

72. IMPRIMÉS.

> Liasse considérable d'imprimés de toute nature: Mazarinades, affiches, journaux, collection du *Moniteur* du 22 septembre au 31 décembre 1792, etc...

73. INGRES (Jean), l'illustre peintre, né à Montauban, 1781, m. 1867.

> L. a. s. à M. Sturler; Meung-sur-Loire, 10 août 1860, 2 p. in-8°.

> Intéressante lettre, relative à la vente de son tableau : le *Bain de femmes*. Il vit heureux à la campagne, travaillant beaucoup à sa chère peinture. La petite vierge est terminée, la Stratonice est sur le chevalet, etc.

74. INGRES (documents sur).

> P. a. s. de Pierre Gauthier, architecte, membre de l'Institut Paris, 1er mars 1832, 3 p. 1/2 in-folio.

> Curieux document. C'est un rapport fait sur Ingres pour décider son admission parmi les membres de la Société philotechnique.

75. INJALBERT (Antoine), sculpteur contemporain n. à Béziers.

> L. a. s.; Paris, 25 novembre 1884, 4 p. in-8°.

> Très intéressante lettre toute relative à son projet de monument de Gambetta.

76. ITALIE.

> 284 chartes originales du xiiie au xvie siècle.

> Précieuse réunion, concernant la ville de Milan. Parmi ces chartes, 22 sont du xiiie siècle, bulles des papes Jules II et Pie IV, etc...

77. ITALIE.

120 chartes du **xiv**e au **xvii**e siècle, la plupart relatives à l'Italie.

78. JACQUAND (Claudius), peintre d'histoire, n. à Lyon, 1805, m. 1878.

15 l. a. s., 32 p. env. in-8º.

Intéressante correspondance adressée à un de ses élèves, dans laquelle il parle de ses œuvres, l'*Abjuration de Galilée*, *Bonaparte à Nice*, notamment.

79. JACQUE (Charles), le célèbre peintre et aquarelliste, n. 1813, m. 1894.

2 l. a. s. à M. Banchau; 12 janvier 1873 et 5 novembre 1874, 6 p. $\frac{1}{2}$ in-8º.

Les deux lettres sont relatives à ses tableaux. Dans l'une il explique son retard par suite de l'impossibilité où il est de faire venir des moutons dans son atelier. La seconde lettre contient d'intéressants renseignements sur un de ses tableaux intitulé : *Bergerie*.

80. JACQUES III, prétendant au trône d'Angleterre, dit le *vieux prétendant*, n. 1688, m. 1766.

L. a. s., en français; Rome, 2 août 1726, 1 p. ½ in-4º. *Rare.*

Lettre adressée à un ambassadeur du roi d'Espagne. Il le félicite de le voir chargé des intérêts de son maître près la cour de Rome.

81. JANIN (Jules), le célèbre critique, membre de l'Académie française, n. 1804, m. 1874.

P. a. s.; Paris, 29 janvier 1847, 2 p. in-8º.

Éloge de Jacques Chaudesaigues et détails sur ses derniers moments.

82. JAQUOTOT (Victoire), peintre sur porcelaine, n. à Paris, 1778, m. 1855.

— 23 —

L. a. s. au baron de Werther; Genève, 2 juillet 1838, 2 p. in-8º.

Elle lui demande son aide bienveillante pour l'aider à placer ses œuvres en Allemagne, « où le goût de l'art est profond et à la hauteur des grands maîtres ». Elle énumère ses diverses œuvres et donne quelques détails sur son portrait de Napoléon, qui le lui demanda secrètement en 1813. « Il voulait en faire la surprise à l'Impératrice Marie-Louise et laisser, disait-il, une médaille vivante à la postérité. Il me donna une heure et demie de séance, en deux fois, accompagné seulement de Renault de Saint-Jean-d'Angély. »

83. JOSÉPHINE, impératrice des Français, première femme de Napoléon Iᵉʳ, n. 1763, m. 1814.

P. s.; 6 mai 1814, 1 p. in-4º.

Approbation sur une demande de Lahaye, jardinier à la Malmaison.

84. LACORDAIRE (Henri), célèbre prédicateur, membre de l'Académie française, n. 1802, m. 1861.

9 l. a. s. à son oncle l'abbé Malechard et à son oncle et à sa tante Lacordaire, à Aisey-le-Duc; 1830-1850, 25 p. in-8º ou in-4º.

Précieuse correspondance. *Paris, 21 novembre 1830.* Il est à Paris, près de l'abbé de Lamennais, qui surveille le développement d'un journal qui a pour titre l'*Avenir*, et pour but la fusion du catholicisme et de la liberté. « Ce journal fait quelque bruit et divise le clergé de fond en comble; c'est un malheur inévitable aujourd'hui, lorsqu'on traite avec courage une grande question. Les uns nous aiment et nous regardent comme des libérateurs; les autres nous détestent très cordialement. — *30 décembre 1830.* Lacordaire s'attend d'aller en prison cependant il ne veut faire la guerre ni au siècle, ni au pays; il désire les réconcilier l'un et l'autre par la religion. — *Paris, 26 octobre 1831.* Lacordaire est d'avis que l'instruction et le désintéressement manquent au clergé. Les raisons ne sont pas personnelles. « Il est impossible qu'un clergé soit savant s'il ne peut enseigner la jeunesse, et impossible qu'il ait de grandes vertus tant qu'on lui donne des évêques choisis par la faveur. » — *Paris, 3 janvier 1833.* Il revient de passer quelque temps en Bretagne, près de l'abbé de Lamennais, qui lui offrait un asile pour tout le temps qu'il voudrait. « Mais j'ai préféré ne pas m'engager aussi avant et reprendre mon indépendance. Une cohabitation à ses frais m'eût identifié avec lui, et ne m'eût pas

permis plus tard, après avoir contracté une aussi grande obliga-
tion, de refuser de le suivre, lui et ses pensées, partout il aurait
voulu. » — *La Quercia, 20 décembre 1839.* Il a pris l'habit de Saint-
Dominique le 9 avril précédent. Eloge de ses deux premiers com-
pagnons. Le plus jeune ressemble à Napoléon d'une manière dont
on ne peut pas ne pas être frappé. Détails des offres qui lui sont
faites pour fonder un couvent de Dominicains en Angleterre et en
Belgique.

85. **LAMARCK** (Jean-Auguste-Pierre-Antoine de **Monet**,
     chevalier), l'illustre naturaliste, membre de l'Acadé-
     mie des Sciences, n. 1744, m. 1829.

   L. a. s. au rédacteur du *Journal*; 25 thermidor an V (1797),
   4 p. in-4°. *Rare et recherché.*

   Il le remercie de l'éloge qu'il a fait de ses *Mémoires de physique et
   d'histoire naturelle*, mais ces éloges mêmes ont excité la rivalité
   des partisans de la théorie pneumatique, qui ont réussi à faire
   insérer une critique de l'œuvre de Lamarck. Celui-ci les réfute avec
   une telle vivacité que ses expressions ont dû être adoucies et
   des passages supprimés.

86. LAMARQUE (Maximilien, comte), célèbre général et
     homme politique, n. 1770, m. 1832.

   Pièce aut. sig., signée aussi par le chef de bataillon de génie
   Decaux; (an IX), 17 p. ½ in-folio.

   Rapport de Lamarque, alors adjudant-commandant, et du chef
   de bataillon de génie Decaux, sur les places d'Ingolstadt, Ulm et
   Philipsbourg.

87. LA MONNOYE (Bernard de), l'auteur des *Noëls Bour-
     guignons*, membre de l'Académie française, n. à Di-
     jon, 1641, m. 1728.

   L. a. s. à Themiseul de Saint-Hyacinthe; Paris, 2 janvier 1715,
   3 p. in-4°. (*Coll. Dubrunfaut.*)

   Belle et intéressante lettre au sujet du *Chef d'œuvre d'un inconnu.*
   Ce livre était trop généralement applaudi pour en cacher plus
   longtemps l'auteur d'autant plus qu'on l'attribuait à Fontenelle

ou à lui (La Monnoye). Il a donc démasqué le faux Matanasius et n'a
point nui en ce faisant, à M. Themiseul. Bien au contraire, s'il
était à Paris, il ne tiendrait qu'à lui d'accepter une des deux
places qui vaquent à l'Académie. Il lui transcrit l'épitaphe qu'il
a composée pour le cardinal d'Estrées, son patron, ainsi que six
vers sur Mme de Vieubourg.

88. **LANGLOIS** (Jérôme-Martin), peintre d'histoire et de
portraits, dont les œuvres sont au Louvre et à Versailles, élève de David, membre de l'Institut, n. 1779,
m. 1838.

L. a. s. à Amaury Duval; 11 février 1806, 2 p. in-4°

Il cherche à dissiper les bruits fâcheux qu'on avait répandu contre
lui, le représentant comme peintre en miniatures. Il s'est occupé de
ce genre, en effet, pour élever sa famille, mais il a toujours peint en
grand à l'huile. Il demande la cession d'un atelier, pour remplacer
celui qu'il avait au Collège de Navarre, qui lui a été enlevé par la
fondation de l'École Polytechnique. Il parle de ses œuvres en cours.

89. **LAPLACE** (Pierre-Simon, marquis de), l'illustre auteur
de la *Mécanique céleste*, membre de l'Académie française et de l'Académie des Sciences, né à Beaumont-
en-Auge (Calvados), 1749, m. 1827.

L. a. s. à Delambre; Paris, 10 pluviôse, 2 p. in-8°.

Il le félicite de sa dernière opération de triangulation [pour la
mesure du méridien]. Il l'entretient de l'élection de Cailhava à
l'Institut; il avait pour concurrent Palissot, auquel on n'a pas
pardonné sa comédie des *Philosophes*. Il est fort aise que Delambre
approuve la décision de l'Institut d'inviter les gouvernements à
envoyer des savants pour décider en commun de l'unité fondamen-
tale des poids et mesures. « Vous sentés que tout cela n'est qu'une
formalité pour qu'ils puissent regarder cette mesure comme leur
étant propre et pour faire ainsi disparaître toute jalousie nationale. » Il sera curieux de réunir un congrès scientifique, à côté de
celui de Rastadt : les décisions du premier seront apparemment plus
durables et auront plus d'influence sur le bien-être de l'espèce
humaine. « C'est d'après ces vues que j'ai fait la motion à la première classe de l'Institut, qui l'a adoptée, et l'a présentée à l'Institut dans sa dernière assemblée générale. Cela a été le sujet d'une
discussion fort vive entre Borda et moi, mais le général Buona-
parte m'a appuyé et la chose a été adoptée à la presque unanimité. »

90. LAWRENCE (Thomas), célèbre peintre anglais de portraits, n. 1769, m. 1830.

L. a. s. à J. Miller, 1 p. ½ in-8°.

91. LE BLANC (Jean-Bernard), célèbre auteur dramatique
et critique, n. à Dijon, 1707, m. 1781.

L. a. s. à Nivelle de la Chaussée; Thoresby (Angleterre),
18 mai 1737, 3 p. ½ in-4°, cachet.

Très intéressante lettre où il lui mande qu'il se livre à l'étude de
l'anglais. Il le félicite de sa pièce l'*École des amis* et il lui rend
compte d'une pièce bizarre qu'il a vu jouer à Londres et qui est inti-
tulée le *Meunier de Mansfield*.

92. LECONTE DE LISLE (Charles-Marie-René), le célèbre
poète, membre de l'Académie française, n. 1818,
m. 1894.

L. a. s. (à M. de Calonne); Paris, 25 janvier 1861, 1 p. in-8°.

Curieuse lettre. Il a cru comprendre que ses vers n'étaient pas très
goûtés par les lecteurs de la *Revue contemporaine*, le mieux est donc
de s'abstenir de leur en faire lire. D'un autre côté il est tellement
accablé de charges et sa détresse est si grande qu'il s'est cru autorisé à accepter les propositions de la *Revue européenne*. « Je suis
toujours à votre disposition toutes les fois qu'il vous sera agréable;
mais songez qu'il faut que je vive et que je fasse vivre surtout. »

93. LEOPOLD Ier, roi des Belges, n. 1790, m. 1865.

L. a. s. à Napoléon III; Laeken, 8 février 1863, 6 p. in-4°.

Magnifique et importante lettre. Il le remercie de la bienveillante
lettre que lui a remis son « ancienne et bonne connaissance, le
maréchal Magnan ». Son neveu (le prince Alfred, second fils de la
reine Victoria) n'a pu accepter le trône de Grèce (vacant par la
chute d'Othon), malgré les encouragements de Napoléon III. « Je
m'intéresse vivement au succès de l'importante expédition du
Mexique et j'espère qu'elle aura pour l'Europe de grands résultats. »
L'archiduc Maximilien est fort reconnaissant à l'Empereur de son
constant appui. Si les États confédérés du Sud, se constituaient
contre les fédéraux, l'avenir de l'empire mexicain serait assuré. Il
est très flatté de l'accueil fait à son fils (Léopold II) en Algérie.

94. LEOPOLD II, empereur d'Allemagne, n. 1747, m. 1792.

L. a. s., en italien, 1 p. ½ in-folio. *Belle pièce.*

95. LESSEPS (Ferdinand de), le promoteur du percement de l'isthme de Suez, n. 1805, m. 1894.

L. a. s. à M. Desplaces; La Chenaie, 4 octobre 1855, 4 p. in-8°.

Curieuse lettre où il se plaint de l'attitude de la *Revue des Deux Mondes* à l'égard de l'entreprise de l'Isthme de Suez. C'est une tentative de chantage, en faveur de l'entreprise Saint-Simonienne. « Ils n'ont aucune base; il faut les laisser et ne pas leur répondre. Dites-le à mon ami Charles qui n'a pas une grande affection pour les Saints-Simoniens, ces jésuites du socialisme. Il est donc inutile qu'il se donne la peine de préparer les armes contre des adversaires qui sont déjà battus. »

96. LITTÉRATEURS. 89 pièces.

Béranger, Bouchor, Girardin, Gozlan, Mélesville, A. Dumas, P. Adam, V. Margueritte. C. Mendès, E. Fabre, A. Scholl, A. Dorchain. E. d'Hervilly, J. Verne. A. Bisson, P. Féval, H. Malot, Michelet, P. Lacroix, etc...

97. LITTRÉ (Emile), l'illustre auteur du *Dictionnaire* qui porte son nom, membre de l'Académie française, n. 1801, m. 1881.

L. a. s.; Menil-le-Roi, 5 juillet 1877, 2 p. ½ in-8°.

Intéressante lettre. Il connaît les vers du Dante que son correspondant lui a cités, car il est un grand lecteur et un admirateur de l'*ultissimo poeta*, mais il n'accepte pas l'application qu'on en fait. « Je suis un disciple et non un maître. Si j'ai quelque valeur, ce n'est pas comme maître, c'est comme disciple. »

98. LOTI (Julien VIAUD, dit Pierre), officier de marine et célèbre écrivain, membre de l'Académie française.

L. a. s. à M. R. Scheffer; Rochefort. 2 janvier 1890, 3 p. in-8°.

Lettre relative à la dédicace d'un de ses livres; il demande s'il doit écrire *A Carmen Sylva,* ou bien *A S. M. la reine de Roumanie,*

en tête de son livre. « Et on met sous presse demain, et il faut que
je prenne une décision moi-même, au risque de faire quelque chose
qui déplaise à Sa Majesté. »

99. LOUIS-PHILIPPE Ier, roi des Français, n. 1773, m. 1850.

1 l. a. s. et 1 l. a. à un prince anglais, le duc K. (Kent ?); Palerme
et Bagheria, 27 février et 14 juillet 1811, 8 p. in-8º et 7 p. in-4º.

Louis-Philippe a parlé souvent à la reine [de Sicile] de l'avantage
qu'il y aurait à ce que les forces anglaises de la Méditerranée fussent
commandées par son correspondant, mais cette décision est
contrariée par les événements. Il faudrait de plus quelques ména-
gements pour faire admettre Madame de Saint-Laurent par la
société sicilienne; le plus grand obstacle viendrait de l'ambassadeur d'Angleterre, qui ne voudrait pas patronner Madame de
Saint-Laurent. Louis-Philippe en a souvent parlé à la reine. « Je
lui ai toujours dit que quand elle serait Duchesse de K..., vous
ne pourriez pas vous mieux conduire envers elle, ni la traiter avec
plus de considération, et que de son côté, sa conduite envers vous
est irréprochable et même au-dessus de tout soupçon. Je crois
cependant qu'en venant ici il faudrait un peu *gazer* la liaison. » —
Dans la seconde lettre Louis-Philippe recommande à son correspondant de viser la place de général en chef de l'armée, mais il y
a un rival puissant, lord Wellington, qu'il faut laisser en Portugal.
Il est nécessaire de mettre le duc d'York dans ses intérêts. « Il ne
faut pas tant leur faire espérer que quand vous commanderez
l'armée elle sera propre et bien tenue, qu'active, légère et conqué-
rante. Voilà l'affaire aujourd'hui. Les temps sont changés; il y a
25 ans que la propreté et la tenue était la première affaire, mais ce
n'est plus cela aujourd'hui. Les Français en guenilles et sales à
dégouter ont battu les belles armées, et le point principal est de
battre ou au moins de faire espérer qu'on battra ces guenillards. »
Longs et curieux détails.

100. LOUISE D'ORLÉANS, reine des Belges, femme de Léopold Ier, n. 1812, m. 1850.

L. a. s.; Ostende, 4 août 1843, 4 p. in-8º

Curieuse lettre, signée *La Léopéde*, adressée probablement à une
de ses sœurs. Elle a de bonnes nouvelles du Léopède (son mari),
qui a l'air content de son séjour à Wiesbaden. La gouvernante de
ses enfants, Madame Uxtin (?), est partie près de sa mère mourante
et la reine a établi ses deux enfants près d'elle pour les mieux
surveiller. « Je me fais une grande fête de te présenter, Dieu aidant,

toute cette graine, Lepehuc (Léopold II?) surtout; il t'amusera
avec sa grosse face blonde et il professe toujours le plus grand culte
pour toi. Quand à Bijou, elle déclare qu'elle te reconnaîtra, ce qui
me paraît un peu douteux. »

101. MAINDRON (Étienne-Hippolyte), sculpteur, n. à Champ-
toceaux (Maine-et-Loire), 1801, m. 1884.

L. a. s.; Paris, 1er juillet 1859, 3 p. ½ in-8°.

Intéressante lettre où ii transcrit un article élogieux de Jules Janin sur sa statue de sainte Geneviève. Il donne aussi la description
d'un autre ouvrage qui doit lui faire pendant, et qui représentera
le baptême de Clovis par saint Rémy.

102. MANUSCRITS.

Manuscrit du XVIIIe siècle dont le texte est attribué à La Fare
et à Chaulieu, manuscrit de G. Geoffroy, H. Rochefort,
U. Gohier, de P. de Kock; 6 registres contenant des copies de
lettres de N... de la Trappe, du duc de Beauvilliers, du P.
Oliva, de Bourdaloue, du roi Jacques II. (Ces registres pa-
raissent provenir d'un couvent de Carmélites.) — On a joint
une liasse considérable d'autographes provenant d'un album.

103. MARIE-LOUISE, impératrice des Français, deuxième
femme de Napoléon Ier, n. 1791, m. 1847.

L. a. s. au chevalier de Foresti; 11 novembre 1839, 2 p. ½ in-8°.
Enveloppe et cachet.

SUPERBE PIÈCE. Elle lui parle des inondations qui désolent
l'Italie et lui donne une longue liste de commissions.

104. MASSENA (André), duc de Rivoli, prince d'Essling,
l'illustre maréchal d'Empire, n. 1758, m. 1817.

L. a. s. au général de division Chabaud; quartier-général à
Vérone, 23 nivôse an V, 1 p. in-4°. tête et vignette impri-
mées.

Pièce historique, relative aux préliminaires de la bataille de
Rivoli. Il le prévient que l'ennemi attaque; il lui donne l'ordre de
prendre son poste à la porte Saint-Georges.

105. MAUPERTUIS (Pierre-Louis Moreau de), célèbre géomètre, membre de l'Académie française. Le roi Frédéric II de Prusse le nomma président de l'Académie berlinoise, n. à Saint-Malo, 1698, m. 1759.

L. a. s.: Potsdam, 16 novembre 1749, 2 p. 1/3 in-4º.

Il prie son correspondant d'accepter l'invitation du roi de Prusse de venir s'établir à Berlin. « Vos occupations ne seront que telles que vous les souhaiterez. Il ne vous en coûtera pas beaucoup pour faire la gloire de notre Académie et de notre amphithéâtre anatomique... La vie n'est pas si chère à Berlin qu'à Gottingue; quant au carrosse, ce ne doit pas être un objet par rapport à la pension que le Roi vous donnera. Moi aussi j'ay une patrie à laquelle j'étais fort attaché; j'y pense souvent; je l'aime toujours, mais, peu à peu, je m'accoutume à la voir de loin. »

106. MAURY (Jean Siffrein, cardinal), célèbre orateur, membre de l'Académie française, n. 1746, m. 1817.

L. a. s. au duc de Richelieu; Rome, 7 décembre 1815, 1 p. in-4º.

Curieuse lettre remplie de compliments flatteurs. Il le charge de remettre une lettre au Roi, puis le prie d'agréer ses vœux pour la nouvelle année : « Le zèle dont je me sens animé pour votre nom et pour votre personne est une dette de reconnaissance qui m'est imposée, comme élève des écoles de Sorbonne et comme ancien membre de l'Académie française : ce sont deux fiefs honorifiques de votre illustre maison; dans lesquels il me tarde que l'héritier du cardinal de Richelieu recouvre tous ses droits. »

107. MEISSONIER (Ernest), le célèbre peintre, n. 1815, m. 1891.

L. a. s.; Poissy, 3 décembre 1871, 1 p. 1/2 in-8º.

Les événements de 1870 ont bouleversé ses affaires; il ne pourra pas faire cette année le séjour au soleil dont il a grand besoin. Son ministère des finances est dans un grand trouble; c'est ce qui explique qu'on a été obligé de lui réclamer des engagements.

108. MÉNAGEOT (François-Guillaume), célèbre peintre d'histoire, directeur de l'Académie de France à Rome, membre de l'Institut, n. 1744, m. 1816.

L. a. s. (à Louis XVIII), 2 p. in-4º.

Il demande une pension au Roi à titre d'ancien directeur de l'Académie de France. Il rappelle le succès de ses élèves, celui de ses œuvres, notamment la *Mort de Léonard de Vinci* et *Méléagre*.

109. MEYERBEER (Giacomo), le célèbre compositeur de musique allemand, n. 1794, m. 1864.

Morceau de musique aut. sig., ½ p. in-4° oblong.

Pièce d'album contenant 16 mesures de l'ouverture de *Struensée* (Harpe).

110. MIGNET (François-Auguste-Marie-Alexis), célèbre historien, membre de l'Académie française, n. 1796, m. 1884.

L. a. s. à M. Hayward; Paris, 15 février 1856, 4 p. in-8°.

Il lui annonce l'envoi, par Mérimée, de la copie d'une lettre de Byron à Beyle. « J'ai beaucoup connu Beyle qui avait de l'esprit, mais qui n'en avait pas assez pour être simple et naturel. Il affectait la singularité et n'étant pas né original, il s'était fait bizarre. Aussi n'y avait-il guère plus de vérité dans ses livres que dans son nom. » Longues considérations sur la paix avec la Russie et les conséquences qu'elle peut avoir sur le gouvernement de Napoléon III.

111. NANTEUIL (Charles-François Lebœuf, dit), célèbre sculpteur, membre de l'Institut, n. à Paris, 1792, m. 1865.

P. s.; Paris, 22 février 1827, 1 p. in-4° oblong.

Reçu de 2.000 francs pour le tiers du prix de deux statues destinées à la décoration de la grille du château de Saint-Cloud.

112. NAPOLÉON II, le roi de Rome, fils de Napoléon Ier, n. 1811, m. 1832.

Manuscrit autographe; mars 1828, 30 p. in-4°.

Traduction en italien, de divers auteurs. Cette pièce porte à la fin une attestation aut. signée de J.-B. Foresti, un des professeurs du duc de Reichstadt.

113. NATOIRE (Charles-Joseph), célèbre peintre d'histoire
directeur de l'Académie de France à Rome, né à
Nîmes, 1700, m. 1777.

> L. a. s. à l'antiquaire Séguier; Rome, 9 mars 1763, 2 p. in-4°,
> cachet

Très belle lettre où il lui envoie cinquante livres pour une tante
malheureuse et fait l'éloge de l'architecte Clérisseau.

114. NEUVILLE (Alphonse de), le célèbre peintre de bataille,
n. 1836, m. 1885.

> L. a. s. à un marchand de tableaux; Paris, 31 décembre 1877,
> 2 p. 3/4 in-8°.

Très curieuse lettre sur la vente d'un de ses tableaux qu'il le prie
de retirer de chez Goupil. Le prix est de 8.000 francs, mais il le
cédera à 6.000 francs, si cela lui convient. Il lui fera cet été un
tableau dans les conditions les plus avantageuses qu'il le pourra.

115. NODIER (Charles), le célèbre littérateur, membre de
l'Académie française, n. 1780, m. 1844.

> L. a. s. à un ami; (11 février 1827?), 4 p. in-4°.

Curieuse lettre où il critique des attaques trop passionnées contre
Victor Hugo. « Il y a certainement lieu à faire justice de ces
fautes volontaires dans lesquelles il égare à plaisir son admirable
talent; c'est même un service à lui rendre s'il voulait l'accepter.
Mais il faut y mettre la mesure que demande cet homme si plein
d'avenir. Hoffman lui-même ne s'est jamais lavé tout à fait du
ridicule qu'il a voulu jeter sur Chateaubriand, et il ne m'est pas
tout à fait démontré que les 50 ans de François-Auguste valussent
les 25 ans de Victor. »

116. NOEL (Léon), peintre et célèbre lithographe, n. 1807,
m. 1879.

> L. a. s. à Duval Le Camus; 3 décembre 1841, 3 p. ½ in-8°.

Intéressante lettre artistique. Il s'excuse de ne pouvoir faire une
lithographie d'un de ses tableaux parce qu'il a des engagements
antérieurs, avec Delacroix notamment.

117. OLIVET (Pierre-Joseph THOULIER, abbé d'), littérateur, membre de l'Académie française, n. 1682, m. 1768.

11 l. a., la plupart signées O, une seule l'est en toutes lettres, à VOLTAIRE; 1761-1767, 30 p. in-4°.

Précieuse correspondance littéraire. Il combat l'opinion de d'Alembert qui prétend qu'en vieillissant on cesse d'aimer les beaux vers. « Le bonhomme La Monnoie qui dans son enfance avait vu Des Barreaux, nous contoit que ce fameux épicurien buvoit à très petits coups, mais fréquents, et qu'en savourant son vin goutte à goutte, il appelait cela se paillarder la langue. Me François que vous me citez, n'auroit point haï cette expression. Je trouve, moi, que de beaux vers, me paillardent l'esprit. » Le portrait de Voltaire n'est pas à l'Académie; les visiteurs s'en étonnent. Conseils pour les commentaires du théâtre de Corneille. Résultat d'une délibération de l'Académie française, à qui Voltaire avait demandé d'approuver un ouvrage et solliciter des avis. « Je vous ai déjà marqué confidemment que vous ne deviez pas toujours avoir égard aux remarques qu'on vous envoie, comme le résultat de ce qu'on appelle la pluralité. Peut-on compter sur les enquêtes par tourbe? L'un a dîné, l'autre se prépare à souper. » L'Académie se prépare à offrir en corps, son dictionnaire au Roi, c'est-à-dire que tous ceux qui veulent y aller, y vont. « J'irai, si le temps est favorable. Autrement, je vous jure que ma robe de chambre, le coin du feu, et un bon livre à la main me paroitront préférables de beaucoup à l'honneur, etc..., etc... »

Le 3 janvier 1767 Olivet, à propos du grand froid, rappelle un vieux souvenir de l'année 1709. « C'est qu'alors nous grelotions au coin d'un méchant feu, et qu'aujourd'hui nous nous tenons au coin d'un bon feu. Alors vous étiez mon disciple, et aujourd'hui je suis le vôtre... Je bois assez bien, je mange de même, je dors encore mieux. Que je serois charmé, si vous pouviez m'en dire autant ».

118. OLLIVIER (Émile), célèbre orateur et homme politique, membre de l'Académie française.

L. a. s. à M. Doniol; 13 juillet 1857, 1 p. ½ in-8°.

Il le remercie de sa sympathie car Doniol est du petit nombre des citoyens d'une république idéale, qui crée l'opinion. Celle-ci se prononce très vivement pour qu'on entre à la Chambre, « et qu'on subisse la violence et l'humiliation du serment. Car de lien, il ne peut en être sérieusement question. Nous ne sommes plus au moyen âge, nous ne sommes pas des vassaux, jurant *in eternum* fidélité à leur seigneur ».

119. PASTEUR (Louis), l'illustre savant, n. 1822, m. 1895.

L. a. s. à M. Bourrel; 23 mars 1885, 2 p. in-8º.

PRÉCIEUSE LETTRE sur la découverte capitale de Pasteur.
Il lui envoie huit chiens, réfractaires l'an passé, et trépanés de nouveau la veille devant la commission de la rage, par virus de rage des rues. « Surveillez-les bien. Ils serviront à juger de la durée de l'état réfractaire après une année environ. Donc, à la rigueur, ils pourraient être pris de rage dans 15 jours ou 3 semaines, mais je ne le crois pas. J'ai confiance que l'état réfractaire par les vaccinations doit durer beaucoup plus d'une année et peut-être toute la vie d'un chien. »

120. PATIN (Henri-Joseph-Guillaume), écrivain et professeur, membre de l'Académie française, n. 1793, m. 1876.

L. a. s. à M. Lecamus; Paris, 22 janvier 1843, 4 p. in-4º.

Curieuse lettre à un ami d'enfance. Il lui donne des détails sur sa réception à l'Académie française. « On m'avait tant recommandé de me bien faire entendre, et de ne pas négliger de me faire valoir, que je m'y suis fort appliqué, et y ai réussi à la satisfaction et même à la surprise assez grande de mes amis, lesquels me connaissent peu de poitrine, et médiocrement d'assurance. »

121. PEINTRES ET SCULPTEURS. 72 pièces.

Hersent, Hébert, Rodin, Gérôme, Paul Delaroche, Jacquemart, Ch. Jacque, Lami, L. Abbema, Saint-Marceaux, N. Gosse, Hortense Haudebourt, Guérin, Granet, Gudin, J. Gigoux, Gérard, Gavarni, Français, Fantin-Latour, Deveria, Daubigny, Dantan, Charlet, etc.

122. PICCINNI (Nicolo), compositeur italien, qui eut la gloire d'être le rival de Glück, n. 1728, m. 1800.

L. s. au directeur Moulin; 6 vendémiaire an VIII, 1 p. in-4º. *Peu commun.*

Il demande le paiement des termes arriérés de ses pensions.

123. PICOT (François-Édouard), peintre d'histoire, membre de l'Académie des Beaux-Arts, n. 1786, m. 1868.

L. a. s. à M. Berard, conseiller d'Etat; Paris, 6 décembre 1837,
2 p. in-4º.

Il a établi à son atelier un concours trimestriel et veut donner des
médailles aux deux meilleurs ouvrages de ses élèves. Un portrait
du Poussin, gravé par Gagnard pour la collection de M. Bérard,
lui paraît convenir à son dessein. Il prie M. Bérard de lui permettre
de se servir de son coin pour frapper 8 médailles.

**124. QUINET (Edgar), célèbre écrivain et homme politique,
n. 1803, m. 1875.**

L. a. s. à un ami; Veytaux, 21 mars 1870, 8 p. in-8º.

De loin il entend la Cloche, qui sonne le réveil de la France et la
même pensée lui vient le plus souvent à l'esprit. Chaque dynastie
a certains stigmates que rien ne peut effacer, or les Bonaparte ont
à leur origine Brumaire et Décembre et rien ne peut faire oublier
ce germe. « Si vous avez semé le mensonge, vous avez beau fermer
les yeux, il continue de germer en silence. Vous êtes condamné à
vous abriter sous un plus grand mensonge. Des sentiments surannés
que tout cela, vous dit-on ! Perdez seulement la mémoire et tout
sera bien, le passé comme le présent. Vraiment? Que la France
boive le Lethé; et elle sera libre. Que ne disent-ils aussi qu'il serait
à propos qu'elle sortit de l'humanité, pour mériter leur estime. car
une nation qui oublierait le lendemain ce qui a été fait la veille,
ne serait plus une nation. Dans cette suppression de la conscience
et de la mémoire, il n'y aurait plus de place ni pour le droit, ni pour
l'avenir.. Oublier les injures personnelles, rien de mieux. Mais,
oublier le mal fait aux autres, à ses proches, à ses frères, à ses amis,
à sa nation, à l'espèce humaine ! Cela n'est pas de l'homme, mais
de la Bête. Se souvenir ! voilà ce qui est de l'homme.

**125. RENAN (Ernest), l'illustre écrivain, membre de l'Aca-
démie française, n. à Tréguier (Côtes-du-Nord). 1823,
m. 1892.**

L. s. avec deux lignes aut., écrite par Madame Renan: Paris,
11 juin 1864, 4 p, in-8º.

Il proteste vivement contre sa non-convocation à l'assemblée des
professeurs du Collège de France. Il se considère toujours comme
titulaire de la chaire des langues hébraïque, chaldaïque et syriaque
et n'accepte pas la place [à la Bibliothèque nationale] qu'on lui a
donnée en échange. Il se réserve de revendiquer ses droits en
temps opportun.

126. REVOIL (Pierre-Henri), peintre d'histoire, n. à Lyon, 1776, m. 1842.

L. a. s. à son élève le peintre J.-M. Jacomin; Aix, 27 avril 1817, 3 p. in-4°.

Intéressante lettre dans laquelle il lui donne des conseils pour l'agencement des personnages d'un tableau représentant l'atelier de Révoil, à Lyon. Il donne au bas d'une page, un croquis sommaire de l'œuvre qu'il conseille.

127. ROBERT (Léopold), peintre célèbre, auteur des *Moissonneurs*, n. 1794, m. 1835.

L. a. s. au sculpteur Lemoyne; Venise, 9 mars 1834, 3 p. ½ in-4°. *Rare.*

Magnifique lettre. Il le félicite de ses succès aux expositions : « Tu es bien heureux qu'à l'âge de cinquante et un ans, tu ne connaisses pas, par expérience, mais par observation seulement, l'ennui de réussir peu et moins que par le passé ; je te demanderai pourquoi tu es aussi favorisé, et, pour toi, je répondrai que c'est parce que tu as prouvé une volonté forte de ne pas déchoir. » Il fait de la peinture pour passer son temps et ne songe plus aux expositions ; il a modifié le tableau auquel il travaille, sur le conseil d'amis communs.

128. ROBESPIERRE (Maximilien de), le fameux conventionnel, un des chefs de la Révolution, n. 1758, décapité en 1794.

P. s., signée aussi par CARNOT, C.-A. PRIEUR, COUTHON et BARÈRE; Paris, 7 prairial an II, 1 p. in-folio, en-tête du Comité de salut public, cachet de cire rouge.

Passeport pour le citoyen Auradour, courrier du Comité de salut public.

129. ROBESPIERRE (Maximilien de).

P. a. s.; Paris, 10 mars 1792, 1/4 de p. in-4°.

Reçu d'une médaille envoyée par Palloy.

**130. RŒDERER (Pierre-Louis, comte), député de Metz à

l'Assemblée constituante, ministre des finances du roi Joseph à Naples, n. 1754, m. 1835.

L. a. s. à JOSEPH BONAPARTE; Paris, 7 fructidor an XII (25 août 1804), 8 p. in-4º.

Curieuse lettre dans laquelle il parle des préparatifs du couronnement de Napoléon Ier (2 décembre 1804). Il a vu la couronne, à côté est l'épée, qu'on dit être de Charlemagne. « Le tout nétoyé et réparé à neuf avec un ceinturon neuf et une gaîne neuve... Je ne sens pas l'intérêt que l'on peut mettre à ces reliques. Si Charlemagne s'était servi de l'épée de Clovis, nous ne parlerions pas aujourd'hui de l'épée de Charlemagne, et Napoléon consacrant aujourd'hui les reliques de Charlemagne, renonce à laisser des siennes à ses arrières-neveux. Je crois qu'il lui importerait de paraître aux yeux de la postérité avec l'épée d'Arcole et de Marengo. »

131. ROLAND (Philippe-Laurent), célèbre statuaire, membre de l'Institut, n. à Marcq (Nord), 1746, m. 1816.

P. s., signée aussi par TRONCHET; 4 janvier 1806, 1 p. ½ in-4º.

Curieux document. Marché passé entre Tronchet et Roland pour l'exécution, par ce dernier, du buste de Tronchet, en marbre, grandeur naturelle, dans le costume de sénateur.

132. ROPS (Félicien), célèbre dessinateur et graveur, n. 1833, m. 1898.

L. a. s. à Charpentier; 6 mai 1880, 1 p. ½ in-8º.

Belle lettre dans laquelle il lui marque sa satisfaction d'être choisi pour illustrer *Fromont jeune*. Il se défend d'être un artiste paresseux et promet d'être exact. « Ce qui m'a donné cette mauvaise réputation d'artiste sur lequel on ne pouvait compter, c'est le refus inexpliqué et inexplicable aux yeux de bien des gens de faire des dessins dans des conditions qui pouvaient être très agréables à d'autres dessinateurs, mais qui ne l'étaient pas pour moi... J'ai trop le respect de mon art pour faire les choses qui me sont à moi-même antipathiques et qui le seraient aux autres, naturellement. »

133. ROUSSEAU (Jean-Jacques), l'illustre écrivain, n. 1712, m. 1778.

Manuscrit de musique aut., signé 3 fois J.-J.-R.; 7 p. in-folio oblong, relié parchemin blanc, dentelle.

Copie de trois chansons dont deux ont pour titre : Las, mon pauvre cœur; Ce n'est point en offrant des fleurs.

134. ROUSSEAU (Philippe), célèbre peintre de paysages et d'animaux, n. 1816, m. 1887.

13 l. a. s. à M. de Mercey; 1853, 20 p. in-8º.

Les lettres sont presque toutes relatives à des demandes de travaux.

135. SAND (George), la grande romancière, n. 1804, m. 1876.

L. a. s.; Paris, mardi, 3 p. ½ in-8º.

Elle demande si la pièce qu'elle a déposée (*Mauprat*) est une bonne ou une mauvaise pièce et si Rachel veut y jouer un rôle. Elle désire savoir si son correspondant veut réellement monter *Mauprat.* « Ne soyez pas avec moi, vous, monsieur, comme les directeurs qui veulent se faire prier : je ne prie pas; ou qui craignent de donner de grosses peines, je n'en demande pas; je me contente de ce qu'on m'offre : ou qui craignent d'irriter l'amour-propre d'auteur : je ne m'irrite pas comme cela. » Elle demande ce qu'elle doit faire vis-à-vis du Théâtre-Français.

136. SAURIN (Bernard-Joseph), poète dramatique membre de l'Académie française, n. 1706, m. 1781.

2 l. a. s. et 2 l. a. à Voltaire; 1762-1772, 12 p. in-4º.

Il lui annonce la naissance d'un garçon. Il en est heureux, non par sotte vanité n'ayant pas de nom à perpétuer, mais parce que la vie est vendue moins cher aux garçons qu'aux filles. Eloge de Voltaire, que Madame Saurin admire beaucoup; vers en l'honneur de Voltaire. Helvétius vient de mourir (26 décembre 1771). Il lui devait toute son existence physique et morale. Il jugeait les hommes avec son esprit, mais se conduisait avec eux d'après son cœur. Il souhaite à Voltaire de vivre aussi longtemps que Fontenelle et désire ardemment le voir à Paris. Il lui prédit un triomphe semblable à celui de Pétrarque à Rome.

137. SCHERER (Barthélemy-Louis-Joseph), général, qui

battit les Autrichiens à Loano, ministre de la guerre,
n. à Delle (Haut-Rhin), 1747, m. 1804.

L. a. s. à Louis Bonaparte; Paris, 25 prairial an XII (14 juin
1804), 3 p. in-folio.

Très curieuse lettre où il rappelle les grands services qu'il a rendus
à la République, prise de Landrecies, du Quesnoy, de Valenciennes,
victoires de Sprimont et de Dueren en l'an II, de la Fluvia et de
Loano en l'an III et IV, etc..., la bonne gestion du ministère de
la guerre, etc... Il demande à servir sous les ordres de l'Empereur,
proteste de son dévouement et le prie de rappeler au souverain le
mot de Louis XII en montant sur le trône. (Scherer mourut à
Chauny, le 19 août suivant.)

138. SCHNETZ (Victor), célèbre peintre d'histoire, membre
de l'Institut, n. 1787, m. 1870.

L. a. s.; en quarantaine à Marseille, 20, 4 p. in-4°.

Longue et intéressante lettre dans laquelle il fait un récit pittoresque de son voyage à Lucques, Florence. Il ne croit pas que
le Cenacolo récemment découvert soit l'œuvre de Raphaël, etc...

139. SCHUMANN (Robert), le célèbre compositeur de musique
allemand, n. 1810, m. 1856.

L. a. s. à K. Wettig; Weimar, 6 janvier 1849, 1 p. in-8°.

140. SCUDÉRY (Madeleine de), la célèbre romancière n. au
Havre, 1607, m. 1701.

L. a. s. à l'abbé Nicart (septembre 1684), 3 p. in-4°.

Belle et rare pièce dans laquelle elle parle du président Cousin.

141. SIÈGE DE PARIS ET COMMUNE DE 1871. 37 pièces.

Brochure de Fr. Jourde, sur ses différends avec Vermesch,
photographies de l'exécution des otages, des femmes prisonnières à
Versailles, de l'exécution de Chaudey, ordre de service signé par
J. Ferry, cartes de boulangerie et de boucherie, etc...

142. SPAENDONCK (Corneille van), célèbre peintre de fleurs, n. à Tilbourg (Hollande), 1756, m. 1839.

P. s. avec quelques mots aut.; Paris, 18 avril 1793, ½ p. in-4°.

Reçu de la somme de 700 livres pour un tableau représentant des fleurs, qu'il a exécuté pour le citoyen Panckoucke, il en donne la description.

143. SPOHR (Ludwig), célèbre compositeur de musique allemand, n. 1784, m. 1859.

L. a. s. à M. Gye, directeur du Théâtre-Italien, à Londres; Cassel, 29 janvier 1853, 2 p. ½ in-4°.

Belle lettre dans laquelle il parle des concerts qu'il doit donner à la Société philharmonique d'Exeter-Hall, et de son opéra *Jessonda*. Cette œuvre ainsi que toutes les autres sont sa propriété, etc...

144. STANISLAS LECZINSKI, roi de Pologne, puis duc de Lorraine, beau-père de Louis XV, n. 1677, m. 1766.

L. a. s. en français, à une princesse; 1er janvier 1755, ½ p. in-4°.

145. STEUBEN (Charles, baron de), peintre d'histoire et de batailles, n. 1788, m. 1856.

L. a. s.; 6 mars 1835, 1 p. in-8°.

Il déclare qu'il se trouverait flatté de voir reproduire son tableau de la bataille de Waterloo dans le *Magasin pittoresque*, mais l'autorisation ne peut en être donnée que par M. Jazet, propriétaire du tableau.

146. SULLY-PRUDHOMME (Armand), le célèbre poëte, membre de l'Académie française, n. 1839, m. 1907.

La pensée et l'amour, sonnet aut. sig., 1 p. in-8°. *Jolie pièce.*

147. SUVÉE (Joseph-Benoit), peintre, directeur de l'Académie de France à Rome, n. à Bruges, 1743, m. 1807.

L. a. s. à un confrère; Rome, 14 avril 1806, 2 p. in-4°.

Il le félicite sur ses œuvres et dit que ses fonctions directoriales l'empêchent de se consacrer à son art. Il espère que la reconnaissance des jeunes artistes le dédommagera. « Mes vœux seront comblés si avant de mourir je vois par les grandes productions de son génie embellir la France, en transmettant à la postérité les faits mémorables dont nous avons été les témoins et qui honorent la nation et son chef suprême. »

148. TAINE (Hippolyte), le célèbre philosophe et historien, membre de l'Académie française, n. à Vouziers, 1828, m. 1893.

L. a. s.; Chatenay par Antony, 27 octobre, 1 p. in-16.

Il annonce l'envoi de quelques notes pour la réimpression de *Graindorge* et demande s'il doit se préoccuper de reviser *La Fontaine* et les *Pyrénées illustrées*.

149. THÉVENIN (Charles), célèbre peintre d'histoire, membre de l'Académie des Beaux-Arts, n. 1764, m. 1838.

4 l. a. s. au sculpteur Roman; Rome, 1821-1822, 10 p. in-4°.

Intéressantes lettres. Il lui donne des nouvelles des amis qu'il a laissés à Rome, lui parle de ses œuvres. Le duc d'Albe a fort admiré son groupe, mais ne l'a pas acheté. Thévenin espère que Paris procurera à Roman des amateurs pour ses œuvres. « Dites à Barbier que la première preuve que je lui demande de son amitié est de déterminer Gérard à faire pour vous ce qu'il a fait pour Cortot et ensuite pour moi. » Il l'informe qu'il l'a recommandé au ministre de la maison du Roi, à celui de l'Intérieur et au préfet de la Seine. Détails sur l'arrivée des nouveaux. La troisième page de la lettre du 13 janvier (1822) est adressée au peintre Barbier à qui il recommande de nouveau « notre grand Roman qui j'espère se fera bientôt un nom ». Le 10 août 1822, il félicite Roman de ses succès. « Je souhaite que mes successeurs aient le bonheur d'avoir pendant leur gestion autant d'élèves distingués que j'en ai eu pendant la mienne, continuez, mes amis, en faisant honneur à votre pays, de prouver que l'Ecole de Rome est bonne à quelque chose. »

150. THIERS (Adolphe), le célèbre homme d'Etat et historien membre de l'Académie française, n. 1797, m. 1877.

4 l. a. s. à M. Doniol; 1874-1876, 6 p. in-8°.

Il remercie du souvenir envoyé à l'occasion de son anniversaire.
« Me voilà engagé dans une nouvelle année, bien chargé d'âge et de
souvenirs heureux et malheureux, mais d'aucun acte dont ma
vieillesse ait à se repentir. J'ai fait ce que j'ai cru mon devoir,
comme je le ferais encore si j'avais des devoirs difficiles à remplir.
Dieu veuille n'en plus réserver de pareils ni à la France, ni à ceux
qui la servent avec dévouement. »

151. **THOMAS** (Antoine-Léonard), littérateur, membre de
l'Académie française, dont les Éloges sont estimés,
n. à Clermont-Ferrand, 1732, m. 1785.

L. a. s. à M. Guys, secrétaire du Roi et de l'Académie de Marseille; Oullins, 19 août 1785, 1 p. ½ in-4º. *Peu commun aut.
sig.*

Intéressante lettre sur le pluriel dans les noms propres et parti-
culièrement à propos des frères Curiace et Horace.

152. **TSCHAIKOWSKI** (Pierre), le célèbre compositeur de
musique russe, n. 1840, m. 1893.

L. a. s., en français; Paris, 2 avril 1889, 4 p. in-8º.

Il exprime sa reconnaissance pour ce que son correspondant a
fait pour Madame Alexandrowa et ses regrets de ce que cette dame
n'ait pas su mériter la protection qu'on lui accordait.

153. **VALENCIENNES** (Pierre-Henri), peintre, dont la manière rappela les œuvres de Claude Lorrain et du Poussin, n. à Toulouse, 1750, m. 1819.

1º L. a. s.; 19 décembre 1816, 1 p. in-4º.

Belle lettre où il pose sa candidature à l'Institut.

2º L. a. s. (à Fontanes); Paris, 17 mai 1812, 1 p. in-folio.

Il demande la place de professeur de perspective vacante par le
décès de M. Dandrillon.

154. **VERDI** (Giuseppe), le célèbre compositeur de musique
italien, n. 1813, m. 1901.

Morceau de musique aut. sig.; Naples, 6 avril 1858, 1 p. in-4°.

Fragment de la *Traviata*. Jolie pièce.

155. VERNET (Carle), célèbre peintre de genre, père d'Horace Vernet, n. 1758, m. 1835.

L. a. s. à La Chabeaussière; 11 juillet 1816, 1 p. in-8°.

Il explique discrètement que des embarras d'argent l'empêchent d'assister aux réunions des Enfants d'Apollon. « Je compte avoir terminé lundi un grand ouvrage dont le résultat pourra me donner de quoi me mettre en mesure vis-à-vis de mes frères en Apollon. Alors je me présenterai à eux sans scrupules. »

156. VERNET (Carle).

L. a. s. à Mme Delpêche; Rome, 18 mai 1829, 2 p. in-4•.

Il s'excuse sur sa paresse à écrire. Ecrire une lettre est pour lui une affaire majeure. La moindre chose le trouble, il a des distractions, passe des mots, enfile des phrases dont il ne peut sortir qu'en raturant des lignes entières. Il parle ensuite de sa lithographie de Mirza, cheval de selle de son fils Horace.

157. VERNET (Carle).

L. s. au ministre; Paris, 20 juillet 1831, 1 p. in-folio.

Intéressante lettre sur un tableau représentant l'entrée de Louis XVIII à Paris, lequel lui a été commandé en 1815, mais n'est pas et ne sera pas terminé. Il a cependant reçu un à-compte de 6.000 francs qu'il demande l'autorisation de conserver.

158. VICTORIA, la défunte reine d'Angleterre n. 1819, m. 1901.

L. a. s.. en français (à Madame Adelaide); Windsor, 3 janvier 1846, 3 p. ½ in-8°: papier armorié.

Elle la remercie pour la lettre envoyée à la fin de l'année, ainsi que de sa constante amitié. « Je vous prie d'accepter les expressions bien sincères de tous les vœux que nous formons pour vous, pour le Roi, pour la Reine et toute leur auguste famille, non seulement pour l'année 46, mais pour bien des années. »

159. VIEN (Joseph-Marie), célèbre peintre d'histoire, maitre de David, n. à Montpellier, 1716, m. 1809.

L. a. s. à M. F.-H. Fabre, de Montpellier; Paris, 30 mai 1791, 2 p. in-4°.

Intéressante lettre. Il l'informe que M. de la Borde a désiré avoir un tableau de Fabre pour faire « cadot » à son fils. « Ce dernier lui a paru désirer avoir de vous une figure de femme nue et agréable; ce sera le sujet qui vous conviendra pourvu que son idée soit remplie. Il m'a ajouté que le prix ne devait point vous donner de l'inquiétude et m'a autorisé à vous dire que 100 pistoles de plus ne tiendroient à rien, s'il était aussi satisfait que de celui qu'il a acquis. »

160. VIEN (Joseph-Marie).

L. a. s. à son beau-frère Reboul; Rome, 29 janvier 1777, 2 p. in-8°.

Très belle lettre intime. Il parle aussi du peintre Pierre, du cardinal de Bernis, des préparatifs du carnaval à Rome, etc.

161. VIENNET (Jean-Pons-Guillaume), littérateur et homme politique, membre de l'Académie française, n. 1777 m. 1868.

L. a. s. à un député; 26 octobre 1832, 3 p. in-4°.

Importante lettre qui est une véritable consultation sur la situation politique; il explique aussi sa conduite politique. Il passe en revue les actes des divers ministres de Louis-Philippe et fait ressortir leurs fautes et leurs inconséquences. M. Guizot a traité de stupide l'hérédité de la pairie; il s'est servi de l'expression de *sujet* « qui déplaît à la France ». M. Thiers n'est pas sympathique à la Chambre, il ne sait pas conduire les hommes sans qu'ils s'en doutent. Son ton de dénigrement déplait. « Il faut frayer avec le peuple, et je n'entends pas ici cette tourbe ignorante, aveugle, qui ne juge rien ni de rien par sa propre intelligence, mais cette classe moyenne qui fait notre force morale et qui dispose de l'autre. » Intéressantes considérations.

162. VINCENT (François-André), peintre d'histoire et graveur, membre de l'Institut, n. 1746, m. 1809.

L. a. s. au peintre Guérin; Paris, 14 brumaire an XIII (5 novembre 1804), 3 p. ½ in-4°.

Belle lettre dans laquelle Vincent exprime tout le chagrin que lui cause la mort, à Rome, d'un de ses élèves. Il demande à Guérin des éclaircissements sur les ennuis qu'il éprouve à l'école de Rome.

163. VOLTAIRE (François-Marie Arouet de), le grand écrivain, n. 1694, m. 1778.

L. a. s., en italien (au cardinal Passionei); Versailles, 9 janvier 1742, 4 p. in-4° (*Coll. Succi*).

PRÉCIEUSE LETTRE, *inédite*. Il s'excuse d'écrire en italien à qui est son maître dans la langue française. Il fait un pompeux éloge du cardinal et exprime le désir de voir Rome, siège de tous les beaux arts. Il regrette d'être plus habile dans la langue anglaise que dans la langue italienne. La raison en est qu'il a séjourné une année à Londres et qu'il a eu le loisir de faire une intime connaissance avec la langue trop libre de ce peuple trop libre. La dureté et la barbarie de l'anglais, atténuées par les bons auteurs de ce pays, ne peuvent être comparées à l'élégance naturelle de l'italien. Il trouve que notre Boileau a été trop rigoureux envers le grand Tasse, auquel il a reproché d'être froid. Il le prie de lui envoyer les œuvres de Crescimbeni sous le couvert du cardinal de Tencin ou de M. d'Argenson.

164. WEBER (Carl-Maria von), le grand compositeur de musique allemand, n. 1786, m. le 7 juin 1826.

L. s., en anglais; Londres, 22 mai 1826, 1 p. in-4°.

Lettre écrite quelques jours avant la mort de Weber; elle est relative à la répétition d'une cantate, donnée à Argyle rooms.

165. YVON (Adolphe), célèbre peintre militaire, n. 1817, m. 1893.

P. s.; Paris, 19 août 1856, 1 p. in-folio.

Reçu de la somme de 5,000 francs à compte sur le prix d'exécution d'un tableau représentant la tour Malakoff au siège de Sébastopol.

CHARTRES. — IMPRIMERIE ED. GARNIER

www.ingramcontent.com/pod-product-compliance
Ingram Content Group UK Ltd.
Pitfield, Milton Keynes, MK11 3LW, UK
UKHW031747170726
13836UKWH00002B/929